HERETICS!

THE WONDROUS (AND DANGEROUS) BEGINNINGS
OF MODERN PHILOSOPHY

STEVEN NADLER & BEN NADLER

史蒂芬・納德勒 & 班・納德勒

斜門歪道
近代哲學的驚世起源

譯者──胡訢諄　審閱──黃雅嫺

序言

　　十七世紀發生一些不得了的事，範圍遠至宇宙，影響攸關切身。一六〇〇年代的哲學家們希望重新認識宇宙，全新思考自我。或者，更精確地說，既然哲學家對於世界如何運作、我們是誰，沒有一致的答案，他們便開始尋求新穎的「方式」思考這些問題。他們爭論身體是什麼做的，又是什麼令身體移動，他們對於神的存在以及神與世界的關係抱持著不同觀點。他們辯論知識是什麼，又從哪裡來。許多「新的」哲學家相信，就形而上與道德的觀點來說，人類是特別的，主宰自然的法則不適用人類——我們擁有靈魂與自由意志。相反地，其他人堅持，我們不是自成一格的「國度」；我們的身體和我們的心靈，如同任何其他事物，都是自然的部分。有人甚至大膽地提出，我們就是移動的物質，除此之外什麼都不是，因此，我們不比石頭或樹木擁有更多決定原因的自由。

　　但儘管論點不同，這群思想多元且熱愛爭辯的哲學家都同意某些基本假設。他們相信較老的、中世紀時期理解世界的取向——訴諸精神層面與神秘力量、捍衛基督宗教的教條、全心信仰亞里斯多德或柏拉圖的理論而不加批判——已經行不通，而且需要更有用、更獨立的思考模式取而代之。他們相信自然哲學（我們現在所謂「科學」）應該以親切，而非曖昧的方式來解釋事物。最重要的是，他們堅持，哲學思考不該鑽研古典作家的理論有何不同，或是宗教權威要求什麼，而是根據清晰明辨的理性思維，以及明顯的證詞和經驗。

歐洲歷史最輝煌的世紀是哪個？許多有力的論證回答是公元前四世紀的雅典。當時在伯里克里斯（Pericles）統治的民主風氣之中，培育蘇格拉底、柏拉圖、埃斯庫羅斯（Aeschylus）、索福克勒斯（Sophocles）、亞里斯托芬（Aristophanes）。或是，十二世紀，見證了亞里斯多德復興，以及大學與高等學術研究興起。

　　當然，不能忘了義大利的文藝復興時期。但是，對哲學而言，很難駁斥這個輝煌的頭銜不是頒給伽利略、培根、笛卡爾、霍布斯、波以耳、史賓諾莎、洛克、萊布尼茲，和牛頓生活的十七世紀──當時，近代形上學與知識論興起、自然知識突飛猛進、公民與國家建立起全新的關係──這是一個百家爭鳴的世紀。我們現在的思維模式也許和近世的哲學家不再完全相同。但是我們看待世界以及自己的方式，卻是源於他們極富創意的企圖，以及當時興盛的哲學探索。或著該說，這些哲學家之間的論點多少差異，甚至有些私人恩怨，也許正是因為他們生在一個政治與宗教動盪不安的時代。

　　本書當中所有的哲學家真的都是「邪惡」的嗎？如果「邪說」一詞是指倡導與傳統真理相反的言論，無論是科學、宗教、哲學、經濟學……等，那麼他們就是了。事實上，有幾個哲學家曾被某些宗教體系正式宣告為「邪惡」。布魯諾與伽利略，不用說，都曾因此遭到天主教會處罰；史賓諾莎則由於「惡劣邪說與妖魔行為」被阿姆斯特丹的葡萄牙裔猶太社群開除。而且，完全不假，本書舉出的哲學家，每個人都有著作列入梵諦岡的《禁書索引》（*Index of Prohibited Books*）。布魯諾、伽利略、培根、笛卡爾、霍布斯、帕斯卡、史賓諾莎、阿爾諾、馬勒伯朗士、波以耳、洛克、萊布尼茲、牛頓，通通都在黑名單裡。中世紀和近世的宗教權威有時

候不太知道如何分辨獨立思考和邪説。

　　在這本圖文書中，我們説的故事，是哲學史上最輝煌的時代。但我們描繪的思想家並非完全棄絕前人的概念框架；即使經過知識革命與「典範轉移」，他們仍然保留與過去的關連，而且歷史時期的區分總是後見之明比較清晰。如同許多近期的學者表示，許多十七世紀的哲學尋求同化、調整或提升學術思想，而非全盤否定過去。同時，這些近世的思想家，其實他們非常清楚意識自己正要轉變哲學，引領哲學走上新的路線。從十七世紀第一個十年的伽利略，到笛卡爾，到十八世紀之際的萊布尼茲與牛頓，都是真正精彩的開始。

羅馬

1600

十七世紀對哲學來説,可謂出師不利。

喬爾達諾‧布魯諾到處宣揚地球不是宇宙的中心,

星星就是有行星在旁邊盤旋的太陽。

他的神學和政治觀點也超級反正統。

羅馬的宗教裁判所判他為異端,而且處以死刑。

一六○○年二月十七日在羅馬的鮮花廣場,喬爾達諾‧布魯諾被綁在木樁上活活燒死。

羅馬

1633

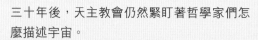

三十年後，天主教會仍然緊盯著哲學家們怎麼描述宇宙。

伽利略・伽利萊是比薩大學年輕的教授，

他主要的興趣是物理學和物體運動。

嗯！

物體從相同的高度落下，掉落的速率相同，落地的時間也相同。

小心！

……即使重量不同。

伽利略的興趣很快又轉向天文學。

他自製望遠鏡，觀察夜晚的天空。

一六一〇年和一六一一年，他觀察到木星旁邊有四個天體。

過了幾天，那些天體的位置改變了。

而且他還觀察到黑點會移動經過太陽面前。

他觀察到金星有陰晴圓缺，就和月亮一樣。

伽利略也看到月亮的表面不如肉眼所見光滑。

有山也有谷。

11

伽利略發現這些都是證據，證明天堂不像人以為地那樣一致完美。

哥白尼說得對，地球沒有那麼特別。地球不是宇宙的中心；

不過就是個行星，和其他一樣，都繞著太陽運轉。

一六一六年，教宗保祿五世宣告哥白尼的理論是邪說。他說，根據聖經太陽和所有行星都是繞著地球走。

哥白尼的理論一定要拋棄！

當時在托斯卡納大公國擔任御用數學家與哲學家的伽利略忍不住……

（碎碎念）
我要向他們證明哥白尼是對的。

一六三二年，他出版了一本書，極力為哥白尼辯護。

DIALOGUE CONCERNING THE TWO CHIEF WORLD SYSTEMS

GALILEO

《關於兩大世界體系的對話》

天空和地球的現象，以太陽中心論比較解釋得通。

教會不覺得好笑。

新的教宗烏爾班八世雖然同情伽利略，又氣這個天文學家違反教會頒佈的命令。

伽利略！

邪說！
根本是你逼我的。

伽利略被判終身在家軟禁，
他的書也被禁了。

儘管如此，
他知道他是對的。

就算這樣，
地球還是會轉動。

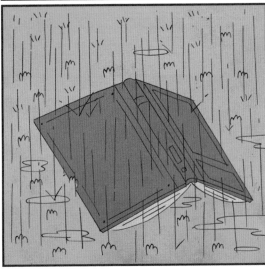

與此同時，荷蘭一位法國哲學家即將出版第一本著作。

勒內·笛卡爾搬到了有風車和牛奶的鄉村，想不受打擾地好好工作。

阿姆斯特丹是個好地方，但是太吵了，我無法工作。

啊，荷蘭的鄉下寧靜安詳，好多了。

他的著作《世界》會告訴世人，他的新哲學能夠解釋「自然界的所有現象」。

當時多數的思想家都追隨亞里斯多德，相信自然界是由物質和形式組成。

好夢幻！

真有才！

物質是所有物體的有形成分。形式比較像靈魂；他們是活躍的精神力量，能夠解釋事物的樣貌和行為。

一顆蘋果掉到地上是因為那顆蘋果具有「沉重」的形式，令蘋果往地球的中心去。一匹馬的外貌和動作就像馬，因為那匹馬具有「馬」的形式。

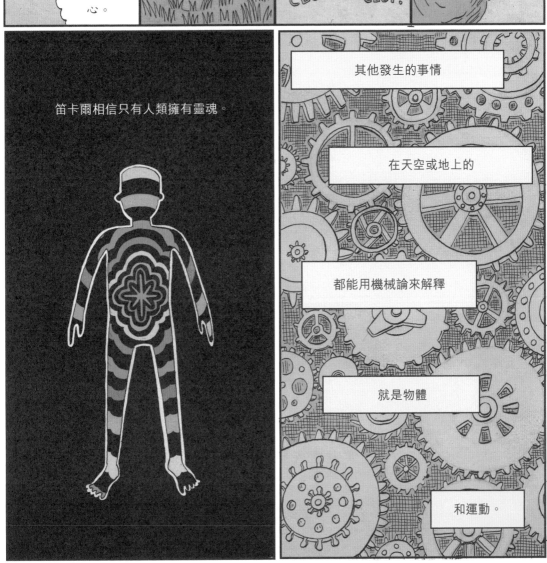

在書裡，笛卡爾也提出太陽為中心的宇宙，裡頭有地球和其他行星，

像漩渦一樣旋轉的物質

推動他們繞著太陽運行。

假如哥白尼的論點是假的，我的整個理論也是。

一六三三年的某天，笛卡爾在阿姆斯特丹的書店尋找伽利略的《對話》。

抱歉，我這裡沒有。那本書在羅馬被燒了。

笛卡爾後來決定不要出版《世界》。

靠！我不想也惹禍上身。

萊頓

1640

不過，笛卡爾和伽利略一樣，不是個輕易放棄的人。

他持續進行科學與數學的工作，發表幾何學的文章。

幾何圖形可以透過代數方程式表示。

光線來自某種發光物體的脈衝，透過空氣中的物質傳送。

關於光學……

甚至關於氣象學……

彩虹不是神的信號，只是光線通過天空的水滴產生的折射。

在《談談方法》中，

如果你想理解事物的真實性質，就忘了哲學傳統說的，自己思考。

用你的官能！用你的理解力！

笛卡爾的目標是建立一套擁有跟數學真理同等級確定性的科學知識體系。

掰啦，亞里斯多德！

笛卡爾知道他不是第一個，堅持科學研究不應盲從古典權威，應由自發的提問著手的人。

法蘭西斯·培根是英國自然哲學家、律師、政治家。

我現在封你為英格蘭的大法官。

在《新工具》一書中，培根認為未受檢驗的假說與早期哲學家貧乏的論證都不是真正的科學方法。

這些哲學家就像蜘蛛，拿自己腦袋裡的東西織網。

他相信對於自然的解釋應該基於感官經驗，而非透過形而上的臆測推理。

我們必須觀察事實本身。

但是，首先，我們必須破除人類理解的「偶像」，也就是妨礙真實知識的偏見。

那些偶像包圍心靈，真理就無法進入。

種族偶像源自人性，因此是全人類共有的。

看！天體繞著完美的圓運行！

20

洞穴偶像是個人畢生累積的非理性偏見。

法國人不可信任！

英國人都是騙子！

市場偶像更是來自語言使用的混淆。

自然物質的基礎形式受到最初的發動者推動……

你在講什麼，我聽不懂！

當讓人們未經批判便接受哲學理論成為真理，就成了戲場偶像。

這些以前的哲學家，只是故弄玄虛，都在捏造故事。

培根認為，研究自然並學習其中奧秘，適當的方法就是歸納推理。

真正的科學是我們從個別事件開始往上爬。

到普遍命題。

然後到更普遍的命題。

最後得到萬物最普遍的法則。

起初，透過觀察嚴謹地蒐集原始資料。

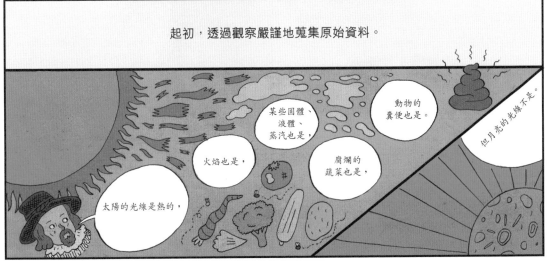

太陽的光線是熱的，

火焰也是，

某些固體、液體、蒸汽也是，

腐爛的蔬菜也是，

動物的糞便也是。

但月亮的光線不是。

實驗提供更多資料……

……而且透露新的關連。

月亮的光線透過放大鏡會變熱嗎？

運動增加熱度，就像打氣的風箱。

審慎彙整，並透過「歷史」，自然哲學家就能形成「公理」或假設。

熱與光不同，因爲火和滾水都是熱，而非光。

但火和滾水，

兩者都有運動。

難道熱只是運動？

這些假設進一步透過觀察和實驗檢驗。

慢慢地，程度越來越深，我們就能得知現象的真實性質。

熱似乎是一種特殊的運動。

我佩服這種「培根式的方法」*反對舊式主張，提出全新看法。

現在「我的」全新看法……

*是的，他真的用了這個片語。

憑著機械理論的哲學，笛卡爾就能夠以日常生活熟悉的語言解釋天地萬物。

只需要物質和運動，小小的粒子便能移動其他小小的粒子。

就連我們的身體也像機械。

喂！那個裝置還沒發明啦！

別激動，牛頓。

但是，笛卡爾發現，他忽略一個重要的哲學步驟。

科學本身可能嗎？

我怎麼知道我能夠知道，如果我不知道要知道什麼？

我看你最好不要再喝了。

科學必須立基於「第一原理」。而諸多第一原理中，最根本的起點就是對知識本身的知識。

這就是知識論的計畫。

哲學就像一棵樹：

樹枝是其他科學、醫學和倫理學。

根是形上學。

樹幹是物理學。

一個哲學家，一生至少應該一次，檢視真的知識是什麼，又是如何達到。

我知道什麼？

我如何知道？

我「能夠」知道什麼？

而且，諸多第一原理中，某些形而上的真理先於任何事物的知識。

身體是什麼？

靈魂是什麼？

我是什麼？

笛卡爾在他最知名的著作中回答這些知識論與形上學的問題。

MEDITATIONS ON FIRST PHILOSOPHY ~1641~

《沉思錄》

在《沉思錄》中，笛卡爾哲學爬梳展開偉大的科學計畫。他並未將一切視為理所當然。

我真的知道百分之百確認的事嗎？

他從似乎最明顯的知識來源開始。

我的感官告訴我，玫瑰是紅色的，

紫羅蘭是藍色的，

火是熱的，

網球是圓的。

但是，世界是否永遠就是呈現的樣子？

當然不是——

我的感官有時候明顯地誤導我。

你不能「永遠」相信眼睛所見。

25

但是，對於微小或距離遙遠的物體，即使我的感官有時候欺騙我，

他們還是告訴我許多不能否認的事情。

他們告訴我，我正坐在這裡。

靠著火爐，

穿著冬天的睡袍，

手中拿著這張紙。

但是……

我是否忘了有時候我的夢境就像活生生的經驗？

所以我怎麼知道現在的我不是夢見我有一個身體？

也許我「總是」在作夢，而且根本就沒有身體！

也許我所有的感官經驗都只是夢一般的幻覺。

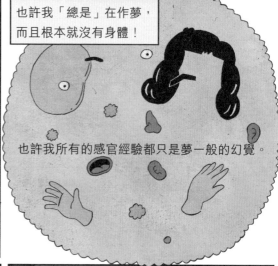

儘管如此，不管作夢與否，似乎還是有什麼事情是確定的。

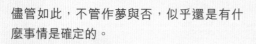

即使根本沒有外在世界——沒有身體，甚至沒有我，難道我不能至少接受，那些抽象的真理，都是靠我的思維領會的？

不管我是清醒，還是作夢，

一加一等於二。

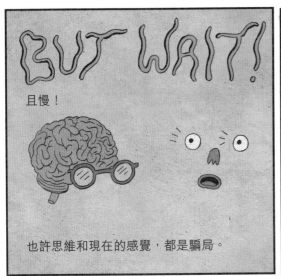

且慢！

也許思維和現在的感覺，都是騙局。

是否有個惡魔創造了我，騙了神也騙了魔鬼，每當我思維，就讓我出錯？

我怎麼能相信惡毒的創造者賦予我思維能力？

也許關於世界、科學與數學，我以為真的一切，都只是幻覺。

好爛的戲。

也許一加一不是真的等於二！

也許根本就無法知道「任何事情」！

我的老天鵝！*
我是不是瘋了？

*Oh Mon Dieu !

且慢！至少有「一件事情」，無論如何，都不能懷疑。

就是我！我存在！

笛卡爾確定自己的存在無庸置疑，至少他在思考的時候。

我思故我在。*

* COGITO ERGO SUM.

他在思考什麼都無妨。

我想我是一頭大象，因此我存在。

笛卡爾可能還不知道他有沒有身體——外在的物質世界是否存在仍然未定。

但他不能懷疑的是，他，一個思考的東西，是存在的。

我還知道另一件事情：上帝存在，而且不是騙子。

我心中有個無限完美的存在——這點我無法懷疑。

而且若那個存在，並不存在，也沒創造我，我就不可能擁有這個想法。

否則這個想法能從哪裡來？

神不存在也是無法想像的。

POOF!

因為如此一來神就不是完美的——少了存在——因此不是那個至高無上的完美存在。

而且，明顯的，至高無上的完美存在也必定是完全地善，而非惡。

WUMP!

笛卡爾的結論是，一個無比仁慈的神不可能創造他，卻又給他故障與欺騙的思維。

我的心智有神的保固。

我現在知道了，當我適當謹慎地使用神賦予我的思維，

而且只會透過理性自然的光輝，同意我審慎明辨爲眞的事物，

我就擁有眞實的知識。

笛卡爾接著發現有很多他審慎明辨而感知的事物。

我知道物體眞的存在。

如果我的感官察覺的外在世界事實上不存在，而神卻賦予我相信的傾向，那麼祂就是騙子。

但是世界萬物和呈現在感官面前的不完全一樣。

玫瑰不眞的是紅色，紫羅蘭不眞的是藍色，火也不眞的是熱的。

「物體」這個思維的概念只包括廣延的性質。成為一個物體只是一個幾何學的對象。

我也審慎明辨地感知我是一個思考的東西，有別於我的身體，甚至可以離開身體而存在。

笛卡爾主張，世界上只有兩種東西——心靈的東西和物質的東西——而且兩者毫無共通之處。

靈魂或心靈是思考的實體，樣態就是想法或意志。

身體是廣延的實體。樣態是形狀、尺寸、可分割性，以及移動和靜止。

心靈的性質完全不屬於物體，而物體的性質完全不屬於心靈。

我看著玫瑰所見的紅色，就像我的手靠近火而感受的熱，只是我內心的感官知覺。

根據這個心物二元論，就會得到機械物理學——只涉及物體真正數學特徵的自然科學。

你只需要幾何學和運動原理。

有些物體是特別的。

我「是」一個思考的東西，而身體不會思考。但我從每日的經驗得知身體和一個思考的靈魂結合在一起。

好了，你可以上工了。

那是非常緊密的關係。

我的靈魂不像船上的水手身體。我的靈魂和我的身體是真正緊密纏繞在一起的統一體。

我被刺扎到的時候，立刻感覺到痛。

當我想要舉起我的手，

馬上就舉起來。

這是神巧妙的智慧最棒的證據！

但不是每個人都被笛卡爾的新哲學迷住。

神巧妙的智慧？

像是數學家暨宗教思想家布萊茲‧帕斯卡，就不如笛卡爾，對人類理性的力量這麼有信心。

我們的思維真的能夠引導我們得到上帝和靈魂的知識？

帕斯卡對於人類的本性抱持較晦暗與悲觀的看法。

我們只是思考的蘆葦。

我們之所以偉大，只因為我們在無限的神面前認識到自身的渺小與可憐。

救贖要靠信仰。理性不能令你更親近神，甚至也無法證明神的存在。

儘管如此，我知道相信神存在會比較好。

假設我不相信神。

那麼如果神不存在——太好了，我有一個真的信念，但好像也不是多大的好處。

但是如果我不相信神，而且神「確實」存在，

那我的麻煩可就大了。

我會永遠蹲在地獄。

另一方面，如果我「確實」相信神，而且神「確實」存在。我的報酬可是不得了——永恆的救贖。

再發一張。

我知道錢要押在哪裡。

某天，帕斯卡臥病在床，笛卡爾來巴黎，順道來看他。

布萊茲！

勒內！

他們談著自然界中真空狀態是否可能。

是！

才不是！如果物體只是廣延，那麼任何三維的空間都是物體。

帕斯卡拿出他發明的加法機給笛卡爾看。

超酷的！

看！

他們也一定會聊到信仰和理性。

你看不出來心也有自己的理性，是理性無法理解的？

僅管帕斯卡嚴謹的基督宗教信仰，使他無法欣賞笛卡爾的理性主義。

多喝湯，多休息。

但對其他人來説，問題出在笛卡爾的形上學，尤其是對心靈與物體的看法。

一六一八年五月二十三日，在布拉格，
兩個男人從三樓高的地方被推出窗戶。

36

波西米亞的天主教國王斐迪南二世壓迫基督徒，因而粗魯地對待他的大臣，

導致全歐洲三十年的戰爭。

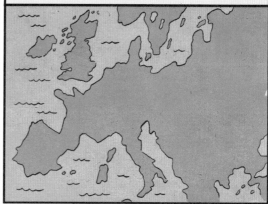

波西米亞人請求同為基督徒，巴拉丁王國的腓特烈五世當他們的新國王。

但腓特烈很快就被斐迪南的軍隊罷黜。

和家人流亡到荷蘭。

數十年後，腓特烈聰明的女兒伊莉莎白公主流落在外，投入大把的時間研究哲學。

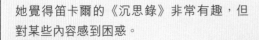
她覺得笛卡爾的《沉思錄》非常有趣，但對某些內容感到困惑。

笛卡爾先生，若您能為我解答，我將非常感激。

如果靈魂只是思考的實體，

怎麼可能推動身體而且產生自主的動作？

物體只在被其他物體推動時才會移動，

為此，需要廣延與物體的接觸。

但是非物質的靈魂沒有廣延。

那麼，要如何推動身體？

笛卡爾希望獲得皇室贊助，當然非常樂意回答伊莉莎白的問題。

承蒙公主殿下指教拙作，不勝榮幸。

您提出的問題實為困難。

從我們每日經驗得知，靈魂可以控制身體，或被身體控制。

但您應避免以吾人理解物體互動的方式理解如此的日常互動。

心物的連結是種特殊的關係。

笛卡爾的回答並沒有解開伊莉莎白的疑惑。

「心物的連結是種特殊的關係？」

我知道我的經驗。

我的手被玫瑰扎到，我感覺疼痛。

我意欲舉起我的手，我的手便舉起來。

但我就是不懂你的原則要怎麼解釋這一切。

也許，她提出，心靈與身體其實不是那麼不同。

也許我把靈魂想成廣延會更容易，就像身體。

這樣比起想像無形的東西移動有形的身體來得簡單。

笛卡爾其中一位嚴厲的對手，英國哲學家湯瑪斯·霍布斯也提出：靈魂是物質，是身體的一部份。

霍布斯和笛卡爾向來就是死對頭。

私人恩怨底下其實是根本的形上學爭論。

先等一下！我們兩人都同意機械哲學。

但是霍布斯相信世上除了物體，別無他物，沒有無形的實體。

我當然同意你是思考的東西。

但我相信這個思考的東西是由物質組成。

你沒聽懂我的論證嗎？

我當然懂。

到底打不打！

如果我在思考，

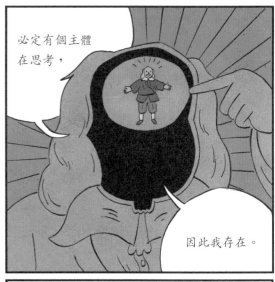

必定有個主體在思考，

因此我存在。

但是行動的主體必須是有形的東西。

霍布斯在關於人性、政治與宗教的著作《利維坦》中，他主張心靈和心靈的活動只是物質運動。

沒有所謂和身體分開的靈魂。

他的唯物主義延伸到所有意識狀態。

我們的想法、感官知覺、感覺、想像、意志──都只是身體內的運動。

笛卡爾對霍布斯這種人毫無耐性。

這個英國佬真的很盧。我最好不要跟他牽扯，否則會變成敵人。

巴黎

1646

一六四〇年代，湯瑪斯・霍布斯有比心物形上學更迫切的事情要處理。

他跑到巴黎批評笛卡爾的哲學是因為英格蘭的境內上正在內戰。

由於國會反對查理一世，保王派的霍布斯害怕國王的敵人掌權後會危害他的安全。

於是在一六四〇年流亡。

他的著作《利維坦》主張統治者的權威必須是絕對的。

他的論證從沒有任何政府的狀態開始。

想像沒有聯邦，沒有井然有序的社會，沒有正義——

只有很多人住在一起，沒有法律或領袖。

沒有什麼管得了人們詐騙或偷竊，

甚至殺人。

這樣的情況下，每個人對每樣物品，甚至另一個人身體，都擁有權利。

如果我拿得到，就是我的。

如果你搶得走，就是你的。

每個人都只為自己的福祉而行為。出於恐懼，人人為生存無所不用其極。

在自然狀態中，強權即是公理，而生命是孤獨、可憐、狼狽、野蠻而且短暫的。

這些人飽受驚恐，但頭腦清醒。

他們發現，若要生存繁榮，他們必須成群結隊，尋求保護。

我們團結吧，鄉親！

他們決定，每個人放棄任何手中無限制的權利，對所有人會比較好。

我在此放棄殺你的權利。

我也是。

接著，他們同意設置一個統治者，在無政府的情勢之中實施規定。

就讓他來當我們的國王！

耶！

喔！

統治者將有絕對的權力制訂法律，並強制人民遵守。

我該怎麼做？

最佳的統治就是君主政治，如此一來所有法律都來自一人，所有權力都集中在單一權威。

完全根據人民訂立的「契約」，設置以統治者為首的政府制度。

國王的神權？

胡說八道！

SMACK!

合法的統治者，權力由公民賦予，而非神。

霍布斯的專制統治者主宰所有國家事務。

我說的話就是法律。

沒有人有權利違反君主，無論他們多不喜歡法律。

偷竊和傷害都關進監獄！

而且出於恐懼，他們當然會遵守。否則就要回到自然狀態。沒有人想要回去。

但是…若統治者想要殺了你，那麼你就有權利反抗。

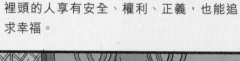

畢竟找個統治者的用意就是要保護你的生命和財產。

統治者就位，這下就有真正的國家了，

裡頭的人享有安全、權利、正義，也能追求幸福。

就連宗教也是公民統治者的管轄範圍。

國家之內絕不容許兩相競爭的勢力。

而非宣說或傳教的……

你要服從你的統治者，

……也絕對不是在羅馬的某些人！

噢！

霍布斯對天主教特別有意見。

離開這裡！

他在《利維坦》的最後幾章談到這點，而且用了特別的標題。

「黑暗王國！！」

The Kingdom of Darkness

公民統治者，身為國家教會的領袖，將決定宗教經典的標準……

唔……

以及，誰能獲准為人民詮釋這些神聖的文字……

這個嘛……

……甚至什麼是奇蹟，什麼不是。

如果統治者說是，公民就不能否認。

這是奇蹟！

至於霍布斯自己的宗教信念，就不是完全清楚了。

沒有無形的實體。神必須是個物體。

《利維坦》是本大膽激進的著作，以契約和世俗基礎建立政治權威，

顯示絕對服從公民統治者的重要性，

並且，極度壓抑神職人員的權力。

喂！我在這兒！

這個英格蘭人講話不客氣，而且他的論述普遍地被認為是危險的書籍，充滿「無神」的思想。

這會敗壞讀者的靈魂！

但幾年後，霍布斯讀到一本被驅逐的猶太人在荷蘭寫的書，就連他也大吃一驚。

海牙

1670

班多（或，巴魯赫）·德·史賓諾莎在阿姆斯特丹出生長大。他的家族是當地的葡裔猶太社群。

這些賽法迪*猶太人是西班牙與葡萄牙猶太人的後代，十五世紀末期被迫改信基督宗教。

* SEPHARDIC JEW

這群「轉信的人」受到西班牙宗教裁判所迫害。

他們一定還在秘密信奉猶太教！

十七世紀初期，許多人最終移民荷蘭。

他們可以住在這裡，奉行他們的猶太教。

對我們的經濟會有幫助！

史賓諾莎的父親死後，青年才俊的他接手
家族的進口生意。

他同時繼續學業，而且還是教會的中堅。

但是，一六五六年七月，二十三歲的史賓諾
莎忽然被永遠逐出阿姆斯特丹的葡裔猶太社
群。

我們開除巴魯赫·德·
史賓諾莎的教籍，並且
詛咒、譴責他。他從
此不是以色列人。

對他很有偏見。

教會的逐出判決表示他犯下「惡
劣邪說與妖魔行為」，

你是妖魔！

但沒有說明到底
為什麼。

白日詛咒他。

夜晚詛咒他。

不過，史賓諾莎當時已經失去對猶太信仰
的忠誠，似乎大方地接受了這件事。

掰。

一六六〇年代，
史賓諾莎靠著磨鏡片為生，

而且專心投入他的哲學傑作《倫理學》。

對於神、道德與宗教，史賓諾莎的觀點極為激進——在當時的人眼裡，簡直大逆不道。

史賓諾莎認為，沒有所謂超凡卓越的神——亞伯拉罕諸教中超自然的行為者。

神就是自然。

事情不可能不同。
這是唯一的可能世界。

自然本身或自然界所有事物的存在，都沒有目的。

這一切的意義是什麼？

什麼都不是！

自然之中沒有善惡。

無論事情是怎樣，就是這樣。

句點。

史賓諾莎堅持，人類只是自然的部分，就和任何事物一樣，受制於自然法則。

我們才沒這麼特別。我們不是什麼自己的國度。

在我們身上為真的事情，在自然萬物也是。

噢！

人類的思想、慾望、情緒、選擇都是由原因決定。

沒有自由意志這回事。

史賓諾莎深受笛卡爾影響，但他不同意心物二元的想法。

我的心靈和身體是同一且相同的東西。

只是以兩種不同方式表現！

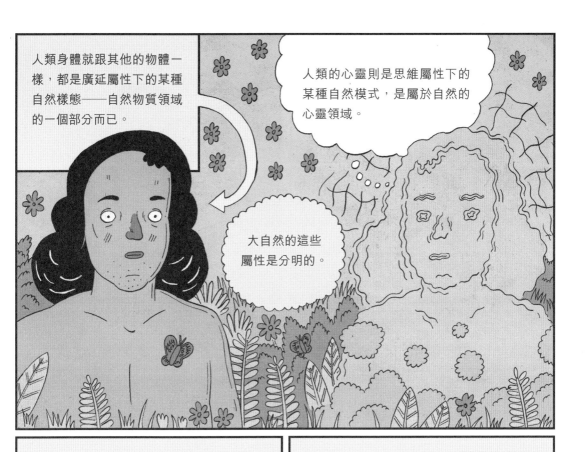

人類身體就跟其他的物體一樣，都是廣延屬性下的某種自然樣態——自然物質領域的一個部分而已。

人類的心靈則是思維屬性下的某種自然模式，是屬於自然的心靈領域。

大自然的這些屬性是分明的。

心靈不會造成身體的變化。

只有身體造成其他身體的行動。

喂！

身體也不會造成心靈的變化。

概念或想法只會受到其他概念或想法影響。

咦？

人類心靈不過是大自然的心理領域一個特殊的物件，能夠直接和物質領域一個特定的身體聯絡。

事實上，人類的心靈和身體是單一、相同的東西，大自然以身體的方式表現在物質的領域，而心靈表現在心理的領域。

心靈感受到的疼痛不是某事發生在身體而「造成」的，疼痛只是思想屬性的表現，

同樣的，當身體受到物理上的傷害時，便會在廣延的屬性下表現出來。

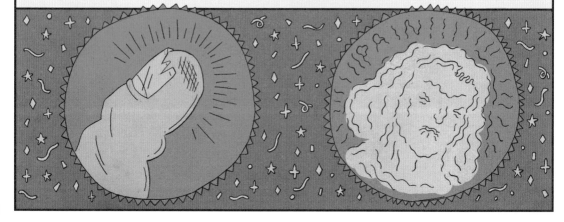

笛卡爾錯了。
人類不是兩個
截然不同的物
質結合。

只有一個無限
的實體，即神
或自然。

人類是自然之中的個體，
是一連串特殊的身體變
化與平行的心理變化。

史賓諾莎的理論說明我們是什麼，又如何是自然的部分。他的形上學成為我們如何、應該如何生活的基礎。

完全取決於什麼原因決定我們的選擇與行動。

那我們是否受到激情驅使，受到世界上的事物給予我們的感受而生活呢？

嗝！
不醉不歸！

或者，我們是透過理性，依照我們認定為真的知識與自身最佳的利益來行事的？

其實，
我該去睡了。

我們被動地受到瘋狂的命運糟蹋摧殘嗎？

還是，我們主動控制我們的生命？

我們找點別的有趣的事做吧。

我們控制我們的生命。

總之，
謝啦！

受到激情主宰的生命是奴役的生命。人因為無法控制的事情而成為慾望的奴隸。

他的幸福受制於運氣好壞。

更麻煩的是，

相信威力強大的神。

認為神是個人的代理人，將會發放永恆的獎勵或懲罰，意味你的生命不是受到知識引導，而是被希望與恐懼的情緒牽引。

另一方面，受到理性引導的生命——

即是擁有自由、美德與心靈平靜的生命。

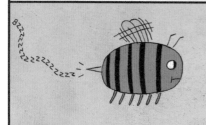

尤其是瞭解萬事萬物，包括我們自己，都是自然的部分，並依自然法則必然發生——

當我們瞭解我們無法避免那些事情，而且我們和萬物一樣，必須遵守自然法則。

噢！

我們會平心靜氣地承受違背我們福祉的事情，

真正自由的人知道沒有所謂自由意志或不朽的靈魂，所以不會受到非理性的來生信念而困擾。

自由的人不會去想死亡。

理性與美德的生命得到的獎賞就在「這個」世界。

幸福！

安康！

知識！

一六六〇年代末期自由又寬容的荷蘭受到政治保守派與保守派的宗教盟友攻擊，

史賓諾莎把《倫理學》放到一邊，開始《神學政治論》的著作。

那本書中，史賓諾莎主張政治穩定與社會安康需要：

哲學思想的自由乃共和體制的和平與虔誠之必要！

以及公民政府不受神職干預。

他舉聖經為例說明自己的主張，宗教領袖用來影響公民心靈的聖經並非由上帝逐字撰寫。

聖經的作者是特殊歷史情況之中的平凡人類。

在不同時期由不同作者為不同讀者著出不同書籍，組成宗教經典。

原文被複製好幾次，流傳好幾世紀……

很久之後，最後終於被編輯為單一本書。

聖經

我們現在的聖經文字是訛誤且殘缺的人類文學著作。

聖經之所以「神聖」，只因為其中的道德教導影響著讀者。

經典是神聖的，只因為經典教導真實美德。

寫下這些書本的先知不是哲學家或科學家，甚至不是神學家。

因此，他們對於神、自然與人類的說法並非必然為真。

看起來好像是這樣。

約書亞不是天文學家；他真的相信太陽繞著地球轉。

這是……？

但是，先知是擁有超凡美德與生動想像的人。

他們能言善道，傳達的訊息其實很簡單。

愛你的鄰居。

真正的宗教唯有正義與對他人的善行。

其餘的——那些宗教教派的典禮和儀式——都和虔誠無關。

宗教已經淪為有害的迷信。

史賓諾莎更主張奇蹟是不可能的。

神就是自然，抵觸自然普遍法則的事物不可能發生在自然之中。

哇！

我們所謂的「奇蹟」只是我們還沒找出自然原因的事件。

最重要的是，史賓諾莎念茲在茲，表示思想與言論自由對政治體制的健全是必要的。

GOD IS NATURE

上帝即自然

在自由的國家中，人人可隨心所欲思考，並表達他的想法。

嘿！

GOD I NA

任何以宗教之名壓抑知識自由的行動，只會適得其反，並傷害社會。

治理公民生活的是政府，而非宗教領袖。

SCREEEECH!

因此史賓諾莎就像霍布斯，認為連宗教事務也應該要受到世俗權威的監督。

允許宗教職員介入國家事務，對宗教和國家都是災難。

但是，史賓諾莎不像霍布斯，他堅持民主是最好的政治制度，能夠確保和平與進步。

民主最能接近自然賦予每一個人的自由。

史賓諾莎的《神學政治論》於一六七〇年匿名出版。為求謹慎，標題的出版社和出版城市都是假的。

時局危險，尤其對講實話的人。

該書造成軒然大波以及負面反應。

這是邪惡、無神的論點，會敗壞讀者的靈魂！

《神學政治論》遭到宗教權威攻擊，也被荷蘭與其他國家政府禁止。

有批評寫道：「這是由惡魔在地獄親自著出的書。」

就連湯瑪斯・霍布斯也為史賓諾莎的大膽感到驚愕。

我不敢寫得這麼直白！

一六七六年春天，有位神秘訪客來到海牙拜訪史賓諾莎。

他是個德國人，而且說他是哲學家。

——難道他是間諜？

他非常想要見見這位惡名昭彰的《神學政治論》作者。

漢諾威

1686

哥特佛萊德·威廉·萊布尼茲是位世紀通才。

哲學 數學 邏輯 物理學 歷史 語言 政治 神學

他發明微積分變化與無窮級數的數學研究。

等等！是我發明的，他抄襲我！

那是你說的，牛頓。

（他們可能同時分別發明。）

他也是位發明家，設計了一台計算機。

萊布尼茲被美因茲的選舉人派到巴黎出使外交任務，待了四年後，一六七六年秋天他踏上歸途。

不要跟我的老闆說，但我其實是在那裡考察哲學研究。

他利用回程之便繞道荷蘭去見臭名遠播的史賓諾莎。

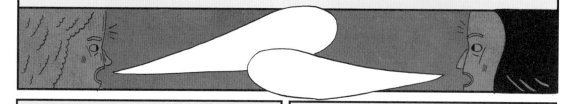

萊布尼茲從《神學政治論》得知史賓諾莎對於宗教、聖經和奇蹟的看法。

> 我很震驚！
> 超級震驚！
> 真的！！

但萊布尼茲真正想要深入瞭解的是史賓諾莎的形上學。

> 看看我的
> 《倫理學》手稿。

> 我的意思是，
> 你當真？神和
> 自然是同樣的
> 東西？

> 你覺得事情沒有
> 其他可能？

> 這是唯一的
> 可能世界？

史賓諾莎的理論——世界與其中萬物的必然，令萊布尼茲感到苦惱。

可能因為他自己的哲學似乎也非常接近這個危險的結論。

我在這裡還是小心一點好。

一六八六年，萊布尼茲為漢諾威公爵工作，自己也想出一些形上學的理論。

只是東拼西湊的一點東西。

在《形上學論》中，他主張這不是唯一的可能世界。

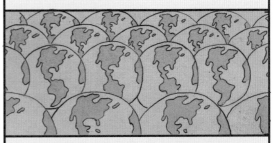

神可能已經創造無限多個可能世界。

但這是所有可能世界中「最好」的一個。

我們知道這點，因為若非如此，凡事都是最完美的神就不會創造這個世界。

但是，如果這是最好的世界，為什麼有那麼多壞事？

地震、海嘯、瘟疫、殺害、先天殘疾？

為什麼明智、公正、絕對善良的神創造的世界「會有」惡魔？

我知道！

萊布尼茲給了這個哲學難題的解答一個術語：神義論。

你看的地方不對。

世界最好的地方不是你能看見的。

這個世界能夠成為最好的可能世界，是因為最簡單的法則和最豐富的現象。

整體而言，最好的世界不代表裡頭每個個別的人都會認為是最好的。

最好的世界裡，恐怕還是有苦難。不是每個人都快樂。

如同繪畫，陰影才能襯托光線。

如同音樂，必定有不和諧才能凸顯和聲。

在最好的世界，缺陷才能令完美更加出眾。

一個少了一個天災，或較不罪惡的世界，就不是「這個」世界，也不是最好的，

不值得神選擇。

神因此「允許」邪惡發生，但並非直接意欲邪惡。

神選擇這個世界，是受到智慧與公正所驅，甚至可説，所決定。

我説「決定」，不是「必然」。

下一位

萊布尼茲的神基於強而有力，甚至不可抗拒的理由做出這個選擇，但仍然是個「自由」的選擇。

我們會再通知。

神選擇創造這個世界，其他萬物——屬於這個世界的所有東西和事件——必然隨之而來。

沒有任何事的發生缺乏原因或理由。無論發生什麼，必定是注定會發生的。

81

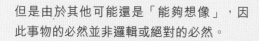
但是由於其他可能還是「能夠想像」，因此事物的必然並非邏輯或絕對的必然。

亞當和夏娃選擇吃那個水果。

而且神所選擇的這個既定的世界裡有亞當和夏娃，

他們不可能不那麼做。

但是，出於自由，他們選擇吃下水果。

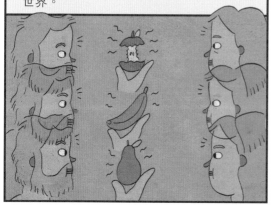
「這個」世界裡的「這個」亞當和夏娃吃下「這個」水果，並非唯一邏輯上的可能世界。

其他世界裡，其他亞當和其他夏娃「本身」還是可能的，雖然神「絕對」不會選擇任何一個那樣的世界，因為那些世界不符合神的智慧。

媽！我錄取了！

如同笛卡爾和史賓諾莎，還有亞里斯多德，萊布尼茲以「實體」作為「真實」的形上學基礎。

真實存在──就是成為實體。

存在……

而成為一個實體，再次強調，就是成為完全獨立的東西──完全不需要其他東西就能存在。

……而且其他東西以形式或性質，存在於實體之中。

世界上有許多實體──許多身體和許多靈魂。

先生，不是的。只有一個實體。只有神或自然本身就是存在，其他東西都存在於神或自然之中。

這一點我必須贊成笛卡爾。有許多實體──事實上，是無限多。

我是
一個實體。

你是一個實體。

獅子、老虎、熊
都是實體。

我要
離開
這裡。

但是萊布尼茲同意笛卡爾的部分就只有這
麼多。

我的概念

成為一個完整
的存在是實體
的本質。

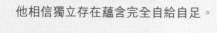

他相信獨立存在蘊含完全自給自足。

實體的概念必須能
演繹附屬該實體的
所有性質，

實體無論如何都不能依賴任何其他事物，
無論是因果關係或其他。

當然，
除了神。

屬於實體的，或發生於實體的，都不能來自實體之外。

真正的實體是主動的，而且具有完美的自發性。

僅僅透過一個實體的性質就能產生該實體所有的狀態與行動。

一個實體的性質「決定」他是什麼、做什麼。

亞當吃了那顆蘋果，因為這個行為來自他的本性。

但他還是出於自由而吃。

而且我跟你說，這蘋果挺美味的！

而該實體和其行動是「這個」世界必要的特徵。

亞當帶著這樣的本性存在，只是因為他屬於神所選擇的最好的世界。

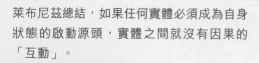
萊布尼茲總結，如果任何實體必須成為自身狀態的啟動源頭，實體之間就沒有因果的「互動」。

且慢！世界上的東西看起來明明就有互動與因果影響。

我告訴一個朋友在某地等我，然後你看，他就在那裡

正確的時間、正確的地點。

我坐到某個尖銳的東西——

哎唷！

然後我的身體實體有個傷口，

我的心靈實體感覺疼痛。

神創造這些實體，令他們依照自身的法則，與其他實體相宜，

宛如互相影響，但事實上對其他實體不起作用。

根據萊布尼茲的理論：

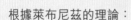

事先建立的和諧

所有實體的狀態跟隨各自的本性，然彼此之間仍存在浩瀚、神所建立的對應關係。

想像一個鐘錶師傅將兩個時鐘設定在同一時間並上好發條。

DING!
DING!
DING!

一個時鐘正午時分響了，另一個也是。但第一個時鐘並沒有造成第二個出聲。

人類的心靈狀態和身體狀態就是這樣，各自依其本性，又在神的智慧與威力之下協調。

這就是我最好的原因之一！

萊布尼茲畢生的事業之一就是利用自己的哲學修復天主教與基督教的分裂。

難道我們不能好好相處？

因此他送了一份《形上學論》給在巴黎的時候認識的安托尼・阿爾諾，他是一位重要但高度具爭議的天主教神學家。

這麼博學又理性的人不能不同意如此美妙的想法。

阿爾諾是巴黎冉森主義運動的推動要角——一個小小的天主教苦行教派。

冉森主義者因其對於神聖恩典與其他事情的看法遭到法國國王與教會處決。

他也是個天才哲學家，還是年輕學者的時候，他和霍布斯一樣，提出許多論點反對笛卡爾的《沉思錄》。

這是目前最好的批評。

但他們拒絕妥協他們的信念。

阿爾諾是個聰明但頑固的人，而且面對敵人連一釐米也不後退。

我們永不投降，神站在我們這一邊。

阿爾諾想知道笛卡爾如何利用他的思維證明神的存在與仁慈，接著又證實他的思維是可靠的。

在我看來你的論證是個循環論證。

阿爾諾讀到萊布尼茲的大綱時，正在法國之外流亡。

嗯，這應該蠻有趣的。

也可以說，他沒留下什麼特別印象。（雖然他承認當時他生病。）

這些是非常恐怖的想法。（咳！）沒有任何天主教徒會接受。

萊布尼茲先生，我建議你放棄形上學……

「然後把心思放在個人救贖上？」

眾所皆知阿爾諾的脾氣暴躁，但他粗魯又無理的回應令萊布尼茲大感吃驚。

有夠沒禮貌！

難怪沒有朋友。

阿爾諾特別難以接受的是萊布尼茲對神與人類自由的觀點將帶來的後果。

也許神有自由創造或不創造這個世界。

但是一旦創造了……

所有過去或未來發生在人類身上的，都是命定必然。

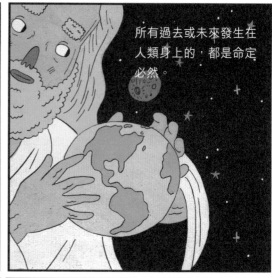

神對於歷史的過程將不再有意見。

一旦神創造「這個」世界，

有「這個」亞當，

亞當必然會吃下那個水果，

而且神無法干預，也無法改變。

人類也沒有任何自由。

根據你對實體的觀點，亞當吃下那個水果不可能是自由選擇！

萊布尼茲認為阿爾諾並不真正瞭解他的觀點。

> 沒有任何事情獨立於神的意圖發生。

神知道要被創造的世界裡的每個細節，

> 而且在所有世界中，選擇這個特定的世界，裡頭有這個特定的亞當，

> 正是「因爲」會引發這些事件。

愛生氣的阿爾諾沒被說服。

> 你說得沒錯。

> 這些必然性似乎和史賓諾莎說得超級接近。

好在，對萊布尼茲來說，阿爾諾在政府監管下，有更重要的事情要處理。

> 糟糕。先閃了！

對萊布尼茲來説，行動與自發性並非實體唯一的定義特徵。

實體也必須是真正的「整體」。

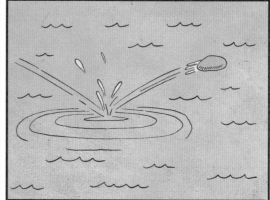

必須是真正的「一個」東西，而非許多東西聚集在一起（像一堆石頭），

或「僅是現象」（例如彩虹）。

這些事物僅在感知者的心靈當中是「一」。

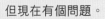
但現在有個問題。

身體是一個
實體嗎?

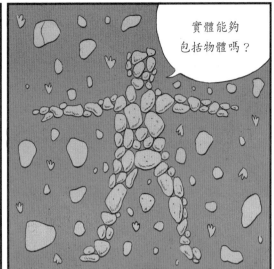

實體能夠
包括物體嗎?

問題是,物體可以切割成廣延的部分,而那些廣延的部分又可以繼續切成廣延的部分,

物體的切割

永遠

不停

如此繼續。

看起來像是一個東西——一個有形的身體——結果只是一個無限切割的總和,而且一點也不真實。

這個問題苦惱萊布尼茲整個哲學生涯。

一開始，萊布尼茲允許有形實體存在。

我的貓和一堆石頭並不相同。

但有形的「實體」除了被動、可切割的廣延之外，

還需要統一、生動的元素，

一隻活生生的貓是一個實體。

某種東西，使其真正成為一個有機的東西

其統一和行動來自類似靈魂的形式，加在物體上面。

一隻　　　死掉的貓只是一　　　堆物體。

我會想你，喵—伽瓦利。

然而，萊布尼茲是個毫不懈怠的思想家，最後他瞭解，物體組成的東西無法擁有真正的統一。

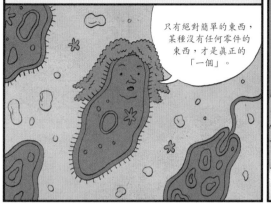

只有絕對簡單的東西，某種沒有任何零件的東西，才是真正的「一個」。

唯一絕對簡單又真正不可分割的東西是精神的：心靈或靈魂。

萊布尼茲總結：世界在最根本的形上學層次，是由無限個非物質，似靈魂的實體組成。

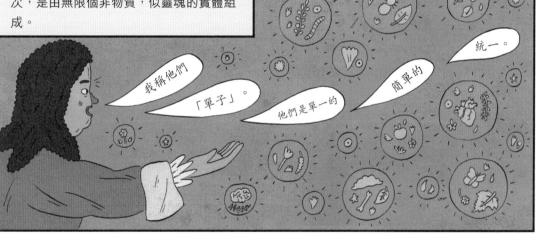

我稱他們

「單子」。

他們是單一的

簡單的

統一。

單子身為實體，是自身狀態與行動的活力來源。

一個被創造出來的單子無法對另一個單子的內在產生因果影響。

單子沒有窗戶讓任何東西進出。

因為單子不是物質，他們不佔空間。因為單子像心靈，他們的內在狀態是「感知」，每個單子感知出現變化，就會反映其他單子的變化。

世界上所有單子的感知都是透過事先建立的和諧完美地協調著。

這就是為什麼世界萬物，

「似乎」有種因果互動。

在萊布尼茲的《單子論》中，自然的每樣東西都來自單子的總和。

這些精神的實體真正為真。

看似「物質」的世界——空間中的物體——只在單子的感知中存在。

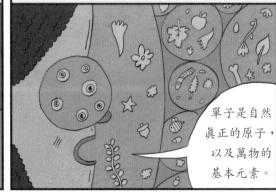

單子是自然真正的原子，以及萬物的基本元素。

萊布尼茲並非十七世紀唯一採用精神一元論的思想家——

這樣的觀點認為自然的所有事物都是「充滿生命與感知」。

他可能讀到一本書的拉丁語翻譯，並且受到影響。

這本書的作者是一位博學的英國貴族。

劍橋與倫敦

1650

安妮‧康維女士是英格蘭的哲學家。

因為女人不准上大學，所以她透過通信向亨利‧莫爾學習哲學。

莫爾是劍橋大學的哲學家。

莫爾支持笛卡爾的哲學，但也批評他的理論。

I ♡ RENE
HENRY DESCARTES
DUH...
I STINK!
DESCARTES
SUX!

他相信心物二元論能夠達到宗教的目的。

沒有更好的方法證明靈魂不朽。

我再同意不過！

但莫爾不太同意笛卡爾主張動物沒有靈魂。

如果動物沒有靈魂，

唯物論者不就可以證明我們也沒有？

而且笛卡爾的機械哲學，把世界所有的精神元素都清除，只留下無生氣、被動的物質。

這樣的論點對物理學而言非常危險……

要怎麼說明運動？

對宗教而言，問題更為嚴重。

沒有靈魂，沒有生命的世界，不會導致無神論嗎？

莫爾認為自然界不僅存在物質。

每個物體都是活生生，具有思想。只有這樣才能解釋我們在世界上見到的活動。

莫爾的「大自然的精神」是神所散發生動、非物質的原則。

這個精神的實體和物體本身不同，但表現在所有的物質身上。

精神的實體對莫爾的運動物理學非常重要……

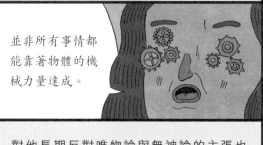

並非所有事情都能靠著物體的機械力量達成。

對他長期反對唯物論與無神論的主張也是。

康維子爵夫人向這位劍橋的私人教師與朋友學到豐富的知識，但她更進一步。

光說某個精神的力量添加在無生命的物體裡頭，這樣還不夠。

神是無限的精神，不可能創造和自己差異這麼大，完全無生命的東西。

神創造的每樣東西，必定某些方面與神相似。

所以，一個物體不會是一團死氣沉沉，沒有任何生命和優點的東西。

康維在《最古老與現代的哲學原理》書中，甚至反對莫爾的二元論，主張心靈和物質必有本質相似。

精神和身體的本質是相同的。

每個身體都能轉為精神，而每個精神都能轉為身體。

根據康維的生機論，所有物體本質上都是活的、活動的、思考的。

所有物體都是某種具有感知基礎的生命或精神。

物體與精神相似的本質說明人類心靈和人類身體如何結合與互動。

我的哲學改善那些二元論，

他們主張物體只是廣延，沒有生命也無法感知。

但是康維的目標不只是笛卡爾。

我的哲學也駁斥霍布斯，

他認為沒有無形的實體。

也掃到史賓諾莎，

他把神和萬物合而為一。

除了史賓諾莎，萊布尼茲建構自己的哲學時，也對其他哲學家的論點好奇又懷疑。

萊布尼茲在巴黎的時候，遇到一位天主教司鐸暨神學家，基於對笛卡爾和聖奧古斯丁的熱情，帶給了他一些非常奇怪與反正統的想法。

我不確定這傢伙是聰明……

還是瘋狂。

巴黎

1675

某天，尼古拉斯‧馬勒伯朗士沿著塞納河畔散步，在書報攤發現笛卡爾的《論人》。

喔，這本是什麼？

馬勒伯朗士讀得津津有味，甚至得放下書本才記得呼吸。

心跳都停止了！

他馬上接著發展笛卡爾的想法。

我可以修得更好！

更大！

更強！

但是，馬勒伯朗士可不是普通的笛卡爾信徒。

一點笛卡爾，

而且他還超出笛卡爾會允許自己的範圍。

一點聖奧古斯丁⋯⋯

馬勒伯朗士一度還是安東尼·阿爾諾朋友。

直到阿爾諾讀了馬勒伯朗士的《真理的探索》，

什麼？

還有《論自然與恩賜》

什麼？？

馬勒伯朗士深深體驗冉森主義者的脾氣有多暴躁。

你出版這麼危險又愚蠢的書之前怎麼不請教我？

先生，我有，但你都不回。「喔，我真的好忙！」

108

馬勒伯朗士熱切地採用笛卡爾的形上學。

心靈是思考的實體，

身體是廣延的實體，

而且兩者無共通之處。

但是，他也和其他哲學家一樣，知道嚴格的二元論會引起物理學嚴重的問題。

如果身體只是廣延，那麼就是被動與無行動的。

沒有力氣，沒有主動的因果力量移動自己或任何其他物體。

住手！

那麼，身體到底是怎麼移動的？

而且為什麼他們是那樣移動？

事實上，馬勒伯朗士主張，自然界中，「沒有」任何實體擁有真正的因果力量。物體對其他物體或心靈不會造成影響。

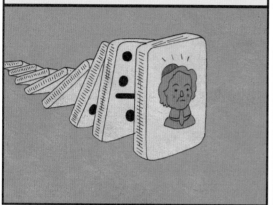

而心靈對物體或心靈本身不會造成影響。

力量專屬於神。

好……開始！

神是自然界所有事件唯一、直接且立即的原因。

馬勒伯朗士提出許多形上學的論證捍衛這個激進的理論。

這不是我發明的——全部都在笛卡爾的書裡。

呃，好吧，也許不是全部。

根據神保護理論，神並非創造一個世界，然後那個世界就獨立存在。

創造之後，神一定會時時刻刻保護那個世界，確保裡面的每個東西存在。

彷彿最初創造的動作永遠不停。

保護一個物體時，神必須一直把那個物體放在相對其他物體的地方。

如果下一刻開始神令某個物體的位置和其他物體的相對位置不同，該物體就會移動。

而神令某個物體在相同的相對位置，某個物體就會靜止。

所以身體移動，
只是因爲神
移動他們。

一個物體對另一個物體的作用，不是第二
個物體移動的「原因」。

純粹是一個「偶因」令上帝隨著自然法則
移動那個物體。

但是，人類的
心靈不能
移動身體。

心靈的意志只是一個偶因，令神根據心物結合的法則移動身體某些部位。

心靈和身體
怎麼互動
不是問題。

他們根本
不會！

馬勒伯朗士也藉由分析因果主張他的「偶因論」。

原因和結果之間有著「必然的連結」。

如果原因發生，結果「必定」發生。

但是我的意志和我的身體動作

並「沒有」必然的連結。

因為人類並非全能，可以想像一個人想舉起手臂，她的手臂卻沒有舉起。

快點……

沒有必然！

但是如果「神」意欲某件事發生，「必然」就會發生。

GOD'S + WILL

這就是全能的意思。

因此，絕對必然的連結只存在於神和事件之間。

所以萬物發生任何事情，真正的原因都是神。

心靈也是。

神使一個靜止的物體，受到另一個物體拉扯的時候移動。

而且當心靈意欲身體移動，神就使身體移動。

當身體受到某些影響的時候，神也是心靈知覺的原因。

當我被某個尖銳的東西刺到，神令我感覺到痛。

而且當我想把尖銳的東西從身體移開，神移動我的肌肉，所以手就移到疼痛的位置。

身體運動和心理狀態，都只是上帝行動的偶因。

我們身邊的事物是真正的原因——這種想法導致了邪教崇拜。我們為了得到快樂崇拜邪教而非神。

有點瘋狂，
對吧？

既然一切都是神帶來的，
自然界到處都是奇蹟。

你不懂什麼是奇蹟。不是神造
成的就是奇蹟。

奇蹟就是超越自然
實體的能力發生的
事情。根據你的觀
點，所有事情都是
奇蹟，因為自然實
體毫無能力。

不對！
奇蹟就是自然法則的
意志造成的事件。
而神在這個世界上的
因果行為一直都依照
自然法則。

好吧，至少我們同意有
限的實體並不互動。

你總是
這麼樂觀，
哥特佛萊德！

馬勒伯朗士和萊布尼茲一樣，很關心邪惡的問題。

為什麼明智又公正的神創造的世界，會有好人受苦，壞人當道？

你必需瞭解，神的行為一定是最值得的。

因為神的行為總是簡單、普遍、一致，不會是特別、「臨時」的意志。

意思就是，神在所有可能世界當中，選擇那個由最簡單的法則主宰的世界。

而神規律的因果行為就會實現這些法則。

可惜的是，簡單普遍的法則無法顧及每個人特殊的需求與期待。

自然的法則不總是讓每個人得到最好的結果。

有時候我行軍時會下雨。

神可以介入，而且透過特別、「臨時」的意志讓雨停……

或者阻止海嘯毀滅沿海的村鎮……

或者不讓好人受到壞人折磨。

但那就是要神違反自然法則行為。

而且我們不該期待神總是賜予神蹟。

神不會只為了他人的方便，遠離最值得、簡單與普遍的方式。

神會希望邪惡不存在，但還是允許邪惡發生。

萊布尼茲覺得不錯，但是阿爾諾受到震撼、感到反感與火冒三丈！

什麼？神有希望的事情卻不能實現？沒有效果的意志？

神的全能到此為止！神也太可悲了，不能做祂想做的事。

好，「你」可以擁有神隨心所欲的能力，但我寧願擁有神的智慧與公正。

神受到對的事物引導。

哼，你不懂你的笛卡爾，「或是」你的奧古斯丁！

那「你」呢，先生，只不過是偽裝的基督徒。

兩位，我們不能單純吃個早午餐嗎？

阿爾諾和馬勒伯朗士還會繼續激辯十年。

他倆的辯論是十七世紀最重要的智性交鋒。

我看，阿爾諾先生的脾氣有點太暴躁，馬勒伯朗士先生的腦袋有點不正常。

倫敦

1689

一六八三年，一位牛津大學畢業的英國哲學家倉促離開故鄉。

約翰·洛克涉嫌參與謀殺國王查理二世和他的弟弟約克公爵（即後來的詹姆士二世）。

不過，雖然洛克與斯圖亞特王朝並不友好，但他應該沒有參與謀殺。

但是，流汗總比流血好。

他和朋友暨贊助人沙夫茨伯里伯爵一起去了荷蘭。

六年之後他才會跟隨奧蘭治親王的大軍一起回到英格蘭。

在阿姆斯特丹安頓後，洛克擔心天主教徒詹姆士二世即位，英格蘭會不知何去何從，於是拿起筆來幫他的《政府論》收尾。

這些文章中，洛克說明公民政府的理論起源與真正目的。

洛克和霍布斯一樣，將社會視為從自然狀態浮現的契約。

但洛克的原始情況比他的英格蘭前輩溫和。

自然狀態不是戰爭的狀態。

只是人們根據理性生活，但缺乏共同且高等的仲裁權威。

那是完全自由與平等的狀態，每個人都可以隨心所欲地生活。

然而，隨心所欲並沒有絕對的許可。

喂！

即使在自然的狀態，沒有統治者、領主或主人，

SCREEEEEECH!

還是有法則。

有些道德原則，適用全體人類，無論何時、何地、何人。

自然法則
獨立於宗教
法令與
政府法規。

透過理性本身就能發覺自然法則，自然法則支配自然狀態的生活。

自然法則宣布，每個人都必須努力保存自己，並盡可能保存他人。

沒有人能夠傷害另一個人的生命、自由、健康或財產。

缺乏政府的
情況下，

任何人都有權利
執行自然法則

並懲罰逾越
自然法則的人。

在這個無政府但大致和平的情況，個人在某項東西中「加入自己的勞力」，而獲得財產。

他也因此獲得擁有物的「權利」——

他耕作的土地，

他製作的桌子，

他烤成派的蘋果。

可惜，自然狀態並不總是安寧，會有不平等⋯⋯

⋯⋯而且最終難免為財產爭執。

喂！
這是我的！

受到理性引導的個人因此希望脫離自然狀態，建立公民社會，保護他們的自然權利，包括生命、自由、財產。

當每個人自願放棄伸張權利的自然權力，並將此權力交給整個社會，便產生國家。

無論在哪裡，一群人組成社會，並且放棄每個人執行自然法則的權力，將之歸順大眾，那裡就是政治或公民社會。

唯有透過受治者同意——而令——才有正當的政府，獲得法與執法。

且永遠不透過蠻力或神的命人民授權，為了公共利益來立

透過這個原始契約，每個人要求自己服從多數的決定。

洛克認為，不與行政、司法、立法分離的專制君主政治，與公民社會是不相容的。

專制的君主政治之上缺乏其他權威，無法化解與統治者的分歧或糾正統治者。

這一點，洛克和霍布斯不同。

專制的君主和他的臣民處在自然狀態。

他容許推翻統治者，這點也與霍布斯不同。

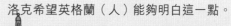

有時候，這是唯一的手段。

當政府不再履行契約，無法保護生命、自由與財產，公民可以替換這個政府。

當國王變成暴君，人民有權利反抗。

洛克希望英格蘭（人）能夠明白這一點。

洛克在阿姆斯特丹的那些年想得不只政治理論。

流亡有的是時間。

他也完成著作《人類理解論》，研究人類知識的來源和本質。

我可以做得比笛卡爾更好。

洛克採用嚴格的經驗論。

心靈所有的念頭，
從古至今的想法，
全都直接或
間接來自經驗。

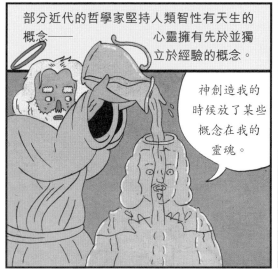

部分近代的哲學家堅持人類智性有天生的概念——心靈擁有先於並獨立於經驗的概念。

神創造我的時候放了某些概念在我的靈魂。

每個心靈天生就有宗教與道德的「共同觀念」。

謝爾伯利的赫伯特領主

某些真理是人類的直覺。

神存在。對神崇敬。

虔誠的信仰不能少了美德。

餓

邪惡不受歡迎。

這個生命結束之後

有獎賞和懲罰。

先天概念或共同觀念應該能夠解釋我們如何先驗得知某些真理……

我就是這樣知道什麼是神，

什麼是廣延，

什麼是靈魂……

然後幫助形成經驗。

這些觀念告知並塑造我們對於世界事物的覺察。

好吧。

洛克窮盡《人類理解論》的第一卷，駁斥先天概念的學說。

等我寫完，他們會希望從沒聽過先天概念。

支持先天概念的人宣稱某些真理是每個人自然而然同意的。

三角形有三個邊。

神創造我們而我們應該崇敬神。

而且他們認為，這些眾人都同意的事，最好的解釋方式就是先天概念呈現在每個心靈之中。

好了，大家幹得好。放飯！

事實上，這個論證證明沒有先天概念，因為我找不到任何原則是每個人都同意的。

很明顯的，小孩和笨蛋從沒想過最明顯的邏輯真理。

一切都是，是什麼？我不知道耶！

什麼？同樣的東西不可能同時存在又不存在？

很多人不知道你要別人怎麼對你，就要怎麼對別人。

而且如果神的概念是先天的，就不會有無神論者，地球上也不會有國家缺乏神或宗教的概念。

有人回應洛克，天生概念和衍生的原則不需要實際經過思考或有意識地認識。

什麼？
無意識？

但是，洛克認為那是無稽之談。

你說得對！真是荒謬的想法！

不可能有靈魂不具有真正感知或理解的真理。

任何命題，如果心靈從未得知、從未意識，就不能提出。

洛克主張，事實上，沒理由搬出先天概念來解釋我們如何獲得知識。

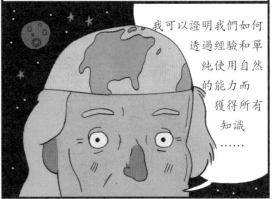

我可以證明我們如何透過經驗和單純使用自然的能力而獲得所有知識……

這就是《人類理解論》其他的部分。

……不需要任何先天觀念或原則。

出生的時候，心靈是空的，如同一塊空白的石板。

就像一張白紙，沒有寫字，沒有任何概念。

這個問題，我用一個詞來回答：

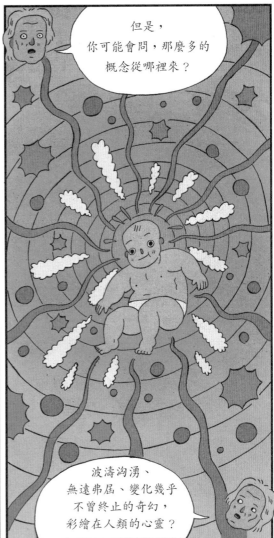

但是，你可能會問，那麼多的概念從哪裡來？

波濤洶湧、無遠弗屆、變化幾乎不曾終止的奇幻，彩繪在人類的心靈？

經驗

所有的心靈概念——思考、感知、想像、作夢、意志、感覺，心靈運作的材料都來自兩個來源：

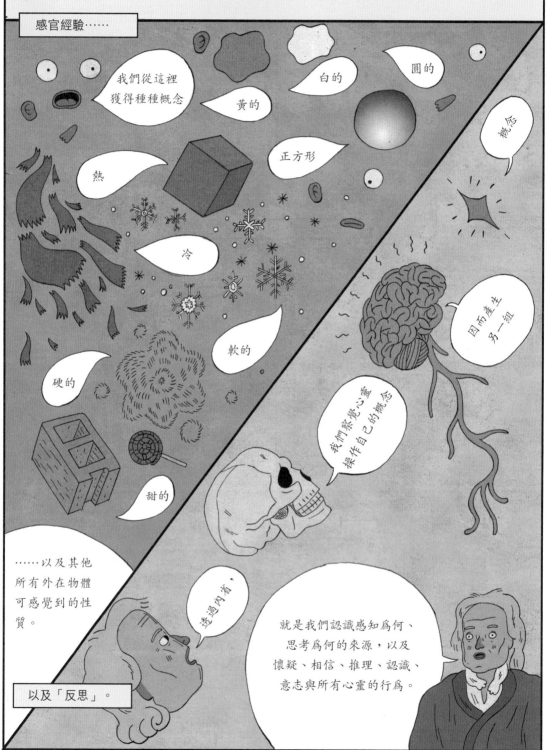

感官經驗……

我們從這裡獲得種種概念

白的

圓的

黃的

正方形

熱

冷

軟的

硬的

甜的

概念

因而產生另一組

我們察覺心靈操作自己的概念

……以及其他所有外在物體可感覺到的性質。

透過內省，

以及「反思」。

就是我們認識感知為何、思考為何的來源，以及懷疑、相信、推理、認識、意志與所有心靈的行為。

心靈的概念有些簡單，有些複雜。

數個單一性質的
簡單概念組成玫瑰
這個複雜的概念：

紅的
顏色，

花的
形狀，

聞到
芳香。

複雜的概念，有些是心靈被動接受的……

有些是心靈自行組成，將數個簡單或複雜
的概念並置。

洛克主張沒有他的理論無法說明的概念。

即使是
最複雜的概念，
最終都由心靈
透過經驗，

直接取得或
間接運作。

是嗎？那麼靈魂
這個非物質的
精神呢？

小事。只是結合幾個
簡單的概念，
思考……

和加上
行動。

透過反思形成，但「不需要」
廣延和形體的概念。

嗯。那麼，
神的概念呢？

沒問題。

洛克警告我們，並非所有心靈的感官概念和外在世界引起概念的性質相同。

自然哲學家勞勃‧波以耳於一六五五年在牛津設立研究室。

幾年後，研讀醫學的洛克去當波以耳化學和其他實驗的助理。

波以耳在英國帶頭支持機械哲學，並且批評亞里斯多德學說的形式與性質。

所有身體的現象都可以根據

而微粒就是察覺不到的物質粒子。

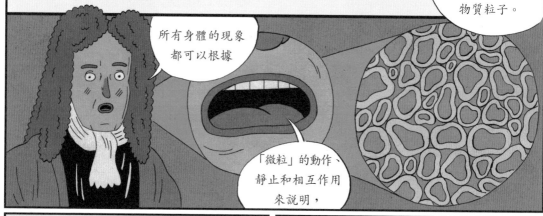

「微粒」的動作、靜止和相互作用來說明，

任何單一微粒只有三個基本性質：大小、形狀、動作或靜止。

這些，而且只有這些，就是任何物質的基本作用。

較大的身體中，微粒的聚合與排列構成那個身體的「結構」。

當一個物體作用在另一個身上，不過就是作用者改變接受者某部位的運動，或該運動造成的結構改變。

任何物體的動作或力量，不管多麼複雜，都是該物體的基本性質與其結構的作用。

如同鑰匙打開門的能力不是鑰匙具有靈性或神秘的性質，

只是鎖的孔和鑰匙的形狀一致。

同樣的，我們透過感官從物體身上得知的性質，只是心靈接受的性質。

起因是外在物體的微粒結構影響眼睛、耳朵和其他感官的結構。

對於那些可以被說明和化約為基本性質的物體特徵，波以耳賦予新的名詞。

次性，例如顏色、氣味，

依賴較簡單、較基本的物質作用。

原則上，波以耳的微粒是可切割的（因為他們是廣延的），而且可能被神切割。

但是他們非常小又堅硬，在自然界中，幾乎不被切割。

141

另一個影響洛克的微粒學者是法國思想家皮埃爾·伽桑狄。

伽桑狄的理論從古典時期伊比鳩魯的原子論出發。

所有東西最終的組成是微小、堅硬、無法穿透，自然無法分割的物體。

他説的！

然而，伽桑狄的原子不像多數機械哲學所謂不動的物質。

原子有重量——

而且擁有先天、自然、天生的運動傾向，不會不見，是由內而外的推力或衝動。

如同伊比鳩魯學派認為「最小量」被虛空包圍，伽桑狄的原子是在空的空間移動。

如此原子能夠接近、遠離、碰觸其他原子。

但是原子也會與其他原子結合，形成較大的結構。

伽桑狄並沒有表示原子論是絕對確定且證實的真理。

好吧，我承認，我從沒看過原子。

對於科學，他傾向一種謹慎，帶點懷疑的態度。

哼！

但他受到原子論優良的歷史血統吸引。

他也同意，原子論是解釋現象最好的經驗假說。

感官經驗的證據會導向原子論。

相較我們所看不見的較小物體的硬度、形狀和運動，

有更好、更簡單的方式理解那些我們所能見到其硬度、形狀和其他性質及力量的物質體嗎？

伽桑狄的經驗主義包括否認先天概念。

心靈的每個概念不是來自感官，

就是透過來自感官的概念形成。

由於波以耳和伽桑狄，洛克接觸到豐富的微粒論自然哲學與經驗主義的知識論。

師從伽桑狄的洛克認為心靈有些概念和物體的「初性」相同——就是物體獨立被感知的特徵。

火或雪特殊的尺寸、數目、形狀真的在火和雪裡面。

無論任何人的感官是否感知到。

我對雪球的「形狀」的感知代表雪球真正的性質。

其他感官概念，完全不像物體之中造成感官概念的特徵。

我們感知的白色和冰冷並不在雪中，火的明亮和炎熱也不在火中。

SPLAT!

喂！

我被針扎到的時候，感覺到的痛在於針扎。

或在於雪球砸！

這些感知和物體本身存在的任何東西完全不同。

次性的概念完全不在物體之中，只在令我們產生各種感官的能力，

而且依賴初性的體積、形狀、質感與部位的運動。

我看見的紅色只是玫瑰的微粒結構，在我眼裡以某種方式反射光線的粒子。

如此區分我們的概念，是為了表示機械哲學對於自然哲學的觀點可以解釋，並反映心靈的內容。

我們的感官概念非常表面，

而且關於事物深層的本質，往往給我們相對而且不完美的知識。

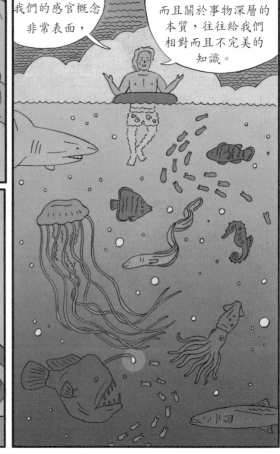

但恐怕我們就是要靠這些概念。

洛克主張即使將自然萬物分為物種，也只是人類依照感官經驗相對的區分。

我們無法得知事物「真正的本質」。

我們用來區分物種的標準也是我們發明的。

我不知道一個物體內在的微粒結構。

即使我知道，光靠這一點也無法幫助我知道物體的特質和力量——

以及這個物體將如何影響其他物體或我的心靈。

將事物分門別類，我們必須仰賴「象徵的本質」，也就是心靈根據經驗集合的抽象概念。

回答黃金是什麼，就是我形成的複雜概念，包括黃的顏色、一定程度的延展性和其他可觀察的性質？

洛克就像伽桑狄，不相信微粒説可以證實為絕對正確。

面對這些問題，我們的知識無法超出經驗之外。

而且經驗也只能知道這麼多。

我們的理解僅限我們身上少數又不完美的概念。

我們「看不見」微粒和微粒的作用——我們只能推測微粒存在。

儘管如此，這個理論在日常生活和控制的實驗中獲得支持。

我提出微粒假設，單純因爲任何對於物體的特質與行爲，

微粒假設是最明白易懂的。

當我擊碎杏仁，白色的部分會變髒，甜味會變成油味。

但除了察覺不到的成分排列，我還改變了什麼？

洛克一回英格蘭就出版了他的《人類理解論》以及《政府論》。

他的書透過法文翻譯，深刻影響了啟蒙時代。

這很好！

非常棒！

了不起！

萊布尼茲也讀得津津有味……

這個有名的英國人寫了當代最好的書。

但他沒被說服……

可惜他講錯太多。

他決定寫一本書，逐條回應洛克。

我稱爲《人類理解新論》。

咳咳！第一部。

萊布尼茲不同意洛克的經驗主義。

當然，感官對於知識是必要的。

但感官不足以提供所有知識。

問題是，感官經驗只告訴我們單一的事物和事件。

我看到這個玫瑰是紅色，

那個玫瑰是紅色，

另一朵玫瑰是紅色……

雖然這些個例可以支持普遍的真理……

看，這朵玫瑰是黃色！

所以，玫瑰是紅色——在我目前看來。

……他們不能建立「普遍的必然性」。

萊布尼茲主張經驗可以告訴我們某個特定的時間「恰好」是什麼情況，

我正站在花園裡。

我發現一朵黃色玫瑰。

但是無法告訴我們什麼是「必定永遠」或「應該」的情況。

「任何」三角形「必定」有三個內角，相加為一百八十度。

我應該對人類同胞行善。

數學、邏輯、形上學等必然真理的知識，不能透過經驗解釋。

我們的感官永遠無法告訴我們什麼是正義……

或者我們應該崇敬神……

或者二加二等於四。

證明這類事情的必然性，只能透過先天且內在的原則。

因此，萊布尼茲説，
洛克的理論不攻自破——

某些人類心靈知道的事情不能光靠經驗説明。

爲什麼我們必須透過察覺外在事物習得知識，

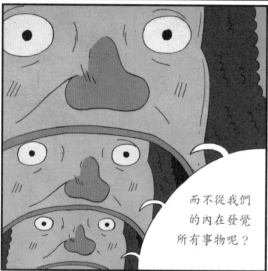

而不從我們的內在發覺所有事物呢？

這就是我們和野獸的區別。他們永遠不可能形成必然的命題。

$E = MC^2$

但是我們人類有能力提出爲眞的論證。

喂，等你的世紀到了再出場！

152

萊布尼茲相信洛克不當地扭曲先天概念的理論，所以他決定糾正這個英國佬。

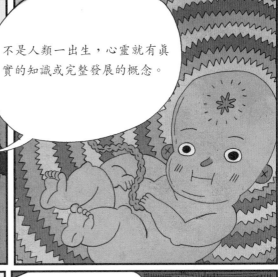

不是人類一出生，心靈就有真實的知識或完整發展的概念。

萊布尼茲偏好將先天概念想成天生的智性秉性或傾向，彷彿心靈已經內建程式──經由神之手──能以某種方式思考。

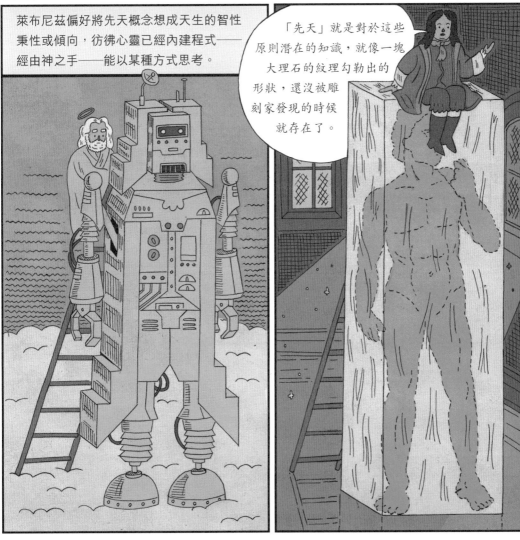

「先天」就是對於這些原則潛在的知識，就像一塊大理石的紋理勾勒出的形狀，還沒被雕刻家發現的時候就存在了。

心靈本身不需要意識到這些先天的思考傾向。

有些真理從來沒有，未來也不會被我們思考，

那樣也無妨。

但在《人類理解論》中，洛克早就將此觀點斥為無稽之談。

如果真理就在心靈中，

我們就會知道真理在那裡。

他剛聽到萊布尼茲的批評時，對那本著作和作者不以為然。

再怎麼厲害也不過如此而已。

聽了洛克的反應，萊布尼茲非常淡定。

我們的原則
差異太大。

一七○四年年底，他剛好寫完《人類理解新論》時得知洛克過世。他決定不要出版。

看來現在我
不可能聽到
洛克的回應。

而且，批評一個再也
不能為自己辯護的人，
並不公平。

萊布尼茲對洛克的批評，最終在萊布尼茲死於漢諾威時，納入大堆未發表的專論、文章、筆記。許多至今還沒被編輯。

整個十七世紀笛卡爾的哲學幾乎就是歐洲主流。在巴黎和其他城市的沙龍與知識圈間引發熱潮。

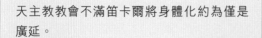

天主教教會不滿笛卡爾將身體化約為僅是廣延。

如果可感知的特質，例如顏色、味道、香氣並不真的存在於東西之內，

為什麼聖餐禮的聖體看起來依然像麵包？

自然哲學家不認為笛卡爾的物理學可以適當說明力量。

物體運動、吸引和互相排斥——你要怎麼解釋，說！？

呃……

神？

某些團體懷疑笛卡爾的宗教信仰不真誠。

他證明神存在的論證很糟，

他一定是要勸退人們信神才發明那些論證。

面對攻擊，笛卡爾的追隨者為他辯護。

別擔心，勒內。我們挺你！

然而，到了那個世紀末期，敵對的自然哲學最終會獲得勝利。

倫敦

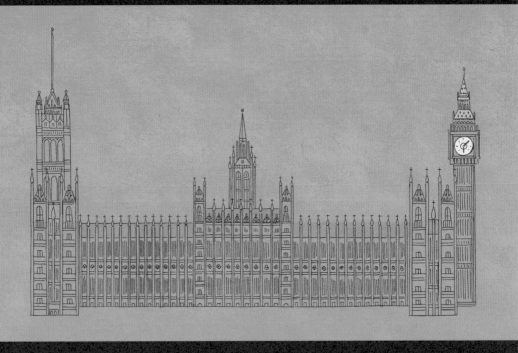

1703

一七〇三年，艾薩克·牛頓被選為皇家學會會長，證明他是英格蘭最偉大的自然哲學家。

在他早期的光學著作中，這位劍橋大學的科學家說明白光事實上是不同顏色的光折射的結果。

一六八七年，他發表權威著作

包括三大運動定律……

《自然哲學的數學原理》

所有物體保持靜止狀態，或保持等速運動，除非受到外力作用被迫改變。

物體的運動變化與所受外力成正比，與外力同方向。

每個作用力都有一個等值反向的反作用力。

161

以及推論萬有引力定律。

引力與物體質量乘積成正比，而且——

啊！

廣泛延伸，永遠與距離平方成反比。

牛頓主張，笛卡爾、波以耳、洛克所列的「初性」是不夠的。

所有物體都是堅硬、不可穿透的。所有物體都是移動的，

而且所有物體都透過慣性的力量維持運動。

雖然牛頓否認引力或重力也是物體固有的本質，

但是他主張引力是長久作用在宇宙所有物體的力量。

所有的物體，無論何處

永遠受到另一個吸引。

同一道力量維持行星和彗星繞著太陽在軌道上運轉，而月亮繞著地球而行……

使蘋果掉在地上。

又來？當真？

有時牛頓把引力說得像神秘力量，在空盪的外太空，不受任何機制干擾而作用。

不過，他主張，引力（或磁力，或電力）不是隱藏的「神秘特質」。

從現象中可清楚發現這種力量真實存在。

而且他不認為相隔距離的物體可能互相作用。

一定有什麼無法觀察的東西作用在看得見的物體上，解釋他們為何互相吸引。

偶爾，他願意思考引力吸引的根本原因。

寫給波以耳的信中，他提議用以太解釋，
就是比空氣更稀薄的媒介。

有種非常稀薄
而且看不見的
物質，

一種非常細微的氣息，
圍繞並遍布物體，

裡頭的微粒運動，
驅使可見的物體
朝向彼此。

有時候，他乾脆歸因給神。

165

引力的吸引、磁力

電力

如何表現，

我不知道。

我不發明假設。*

*HYPOTHESES NON FINGO.

牛頓不太願意假定不可驗證的因果機制說明「為何」物體互相吸引。

讓笛卡爾和萊布尼茲那遊戲。我有更重要的事要做。

什麼？你不喜歡我的漩渦？

我不喜歡，沒有經驗證據支持這種形而上的推測。

無法從現象推論的都要稱為假說，這種推測無論是形而上的或物理的，

或基於神秘的特質，在實驗哲學都沒有地位。

牛頓希望將自己限定在力的本質與可知的「顯然特質」，而不觸及不可見的原因。

$$F_g = G\frac{m\,m}{}$$

這些力不是出自物理的觀點，而是純粹數學的觀點，

但是我的好朋友，你的問題不只是把沒有根據的形而上臆測當成原因。

笛卡爾將物質等於廣延，就是將物體等同空間。

宇宙是充滿物質的空間。

到處都是物體。

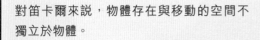

對笛卡爾來說，物體存在與移動的空間不獨立於物體。

運動只是物體的轉移，

從這些物體周圍緊鄰的地方，並在靜止狀態下，

轉移到其他物體周圍的地方。

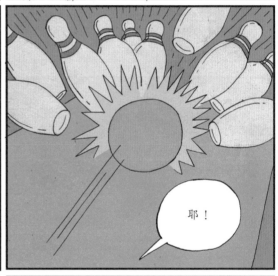

耶！

萊布尼茲也同意笛卡爾，認為空間是相對的。

空間只是物體之間的關係。

但牛頓認為這個立場本身荒謬，也與觀察矛盾。

如果笛卡爾是對的，那麼沒有哪個物體運動比另一個更真實、絕對、適當。

根據牛頓，有些運動是真的，

但是有些只是表面。

哇！那棵樹
移動得真快！

而且只有絕對的空間概念允許某人宣稱一個物體真正處於運動狀態，

而另一個物體真正處於靜止狀態。

空間朝所有方向無限延伸，

無論空間當中包含什麼，都獨立存在。

空間本身不是物體，而是物體存在且移動的地方。

所以空間中有絕對的場所。

而且只有從某個絕對場所到另一個絕對場所，才是真正且絕對的運動。

萊布尼茲可以「不用」絕對的空間就說明運動的真實。

只要將形而上且動態的力量「放進」物體。

而認為物體只有被動廣延的笛卡爾，

就無法。

牛頓也是，如果力量作用在物體上，便允許該物體「真正」處於運動狀態。

區別真正運動與僅為相對運動的因素，

就是作用在物體上並產生運動的力量。

運動

靜止

另一方面，一個物體只會「看似」在運動，

我在這裡掛了一個水桶。

如果沒有力量作用在上，

如果我把水桶轉得很緊，

圍繞該物體的物體全都在運動，改變與該物體的關係。

然後放手，水桶會開始旋轉。

但是裡面的水保持靜止。但是相對水桶的邊緣，水處於運動狀態。

最終水也會旋轉，因為水桶施加力量在水上。

現在水也真正處於運動狀態。

牛頓描述的宇宙，有真正的力量作用在絕對空間中的物體，和半個世紀前笛卡爾所提出的宇宙，簡直天南地北。

尾聲：日內瓦

1755

十八世紀有位法國哲學家，名叫弗朗索瓦－瑪利·阿魯埃，大家較知道他的筆名「伏爾泰」。

他花了很多時間思考前一世紀的哲學遺產。

他的諷刺劇《憨第德》挪揄萊布尼茲樂觀的神義論。

這裡就是所有可能世界中最好的，看不出來嗎？

對於帕斯卡對信仰的虔誠，他完全只有鄙視。

倒是笛卡爾和牛頓的對比，引起了他的注意。

法國人去了倫敦，會發現哲學和所有事情一樣，在那裡完全不同。

世界本來充滿物質，到了那裡變成真空。

在巴黎，宇宙的組成是許多微小物質的漩渦，

但在倫敦，沒人那樣想。

事物的根本性質完全改變。

176

伏爾泰既尊敬笛卡爾，也尊敬牛頓……

但他知道英國人的哲學成功獲得支持。

必須承認，這兩個偉人的作風和運氣非常不同，

哲學也是。

我們也許會崇拜牛頓爵士，

但我們絕對不能譴責笛卡爾。

在英格蘭，對這些新的哲學家普遍的評論是，笛卡爾是夢想家，

而牛頓是哲人。

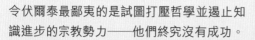

要是牛頓、洛克、萊布尼茲在法國被處決，

在羅馬被囚禁，

在里斯本被燒死，我們該如何思考人類理性？

把伽利略送進宗教審判所的人錯了，

而且每個審判員，摸摸自己的良心，看見哥白尼的天體，都應該要臉紅。

儘管如此，
倘若牛頓
出生在葡萄牙，

認為星球距離
平方反比理論
是邪說，

而且道明會的修士
碰巧讀了牛頓的
著作，

牛頓爵士必定會
被當街批鬥，

穿著
聖賓尼陀服*，

* 譯注：宗教異端接受審判時穿的犯人服。

要他公開懺悔。

驚世人物
| 之一 |

安托尼・阿爾諾
Antoine Arnauld

生：1621，巴黎
卒：1694，法蘭德斯，列日

天主教司鐸、神學家、哲學家。主要哲學著作包括回應笛卡爾《沉思錄》的〈第四組反駁〉（Fourth Set of Objections，1641）、《論真與假的概念》（On True and False Ideas，1683）以及與馬勒伯朗士和萊布尼茲的通信。

法蘭西斯・培根
Francis Bacon

生：1561，倫敦
卒：1626，海格

英國自然哲學家、律師、政治家。1605年出版《學術的進展》（The Advancement of Learning）；1620年出版《新工具論》（Novum Organum）為《偉大的復興》（The Great Restoration）一書的部分。

勞勃・波以耳
Robert Boyle

生：1627，愛爾蘭，利茲莫爾
卒：1691，倫敦

自然哲學家，出版作品包括《關於空氣彈性及其效應的物理 —— 力學新實驗》（New Experiments Physico-Mechanicall, Touching the Spring of the Air，1660）、《懷疑派的化學家》（The Sceptical Chymist，1661）、《論形式與質料的起源》（Origine of Formes and Qualities，1666）。

喬爾達諾・布魯諾
Giordano Bruno

生：1548，義大利，諾拉
卒：1600，羅馬

道明會修士、義大利哲學家、神學家。諸多作品例如《記憶的藝術》（The Art of Memory，1582）、《聖灰星期三的晚餐》（The Ash Wednesday Supper，1584）、《論無限宇宙與世界》（On the Infinite Universe and Worlds，1584）。

安妮・康維
Anne Conway

生：1631，倫敦
卒：1679，華威郡

英國哲學家與神學家。著有《最古老與現代哲學的原理》（The Principles of the Most Ancient and Modern Philosophy，1690）。

勒內・笛卡爾
René Descartes

生：1596，法國，訥拉海
卒：1650，斯德哥爾摩

法國哲學家與數學家。著有《世界》（The World，1628-1633，終身未出版）、《談談方法》（Discourse on Method，1637，收錄關於光學、氣象學、幾何學的論文）《沉思錄》（Meditations on First Philosophy，1641）、《哲學原理》（Principles of Philosophy，1644）、《論靈魂的激情》（The Passions of the Soul，1649）。

驚世人物
之二

波西米亞的伊利莎貝
Elisabeth of Bohemia
（巴拉丁公主 Princess Palatine）

生：1618，海德堡
卒：1680，英格蘭，赫里福德

她與笛卡爾、萊布尼茲、馬勒伯朗士等多人透過頻繁通信討論哲學。

伽利略・伽利萊
Galileo Galilei

生：1564，比薩
卒：1642，佛羅倫斯

義大利自然哲學家，主要著作《星際信使》（*The Starry Messenger*，1610）、《試金者》（*The Assayer*，1623）、《兩大世界體系的對話》（*Dialogue on the Two Chief World Systems*，1632）、《論兩種新科學及其數學演化》（*Discourses and Mathematical Demonstrations of Two New Sciences*，1638）。

皮埃爾・伽桑狄
Pierre Gassendi

生：1592，普羅旺斯，尚普泰爾謝
卒：1655，巴黎

法國哲學家與神學家。他著作的書包括對笛卡爾《沉思錄》的〈第五組反駁〉（*Fifth Set of Objections*，1641），之後又出版反對笛卡爾學說的《形上學專題》（*Metaphysical Disquisition*，1644）、《哲學綜合》（*Syntagma Philosophicum*，1658）等。

湯瑪斯・霍布斯
Thomas Hobbes

生：1588，渭州郡，馬爾蒙斯伯利
卒：1679，德比郡

英國哲學家與數學家。著作包括對笛卡爾《沉思錄》的〈第三組反駁〉（*Third Set of Objections*，1641）；《哲學元素》（*The Elements of Philosophy*）包括三部論文：《論公民》（*On the Citizen*，1642）、《論物體》（*On Body*，1656）、《論人》（*On Man*，1658）；以及《利維坦》（*Leviathan*，1651）。

哥特佛萊德・威廉・萊布尼茲
Gottfried Wilhelm Leibniz

生：1646，萊比錫；
卒1716，漢諾瓦

德國哲學家、神學家、數學家、歷史學家等。著作等身，包括《形上學論》（*Discourse on Metaphysics*，1686，終身未出版）；《新系統》（*New System of Nature*，1695）、《人類理解新論》（*New Essays on Human Understanding*，1704，終身未出版）、《神義論》（*Theodicy*，1710）、《自然與恩典的原理》（*Principles of Nature and of Grace*）與《單子論》（*Monadology*，皆為1714，終身未出版）；以及與眾多人物的通信，包括史賓諾莎、阿爾諾、馬勒伯朗士。

約翰・洛克
John Locke

生：1632，桑莫塞
卒：1704，艾塞克斯

英國哲學家與醫師。重要的著作是《人類理解論》（*An Essay Concerning Human Understanding*，1690）、《政府論》（*Two Treatises of Government*，1690）、《教育漫話》（*Some Thoughts Concerning Education*，1695），以及一些論寬容的信。

驚世人物
| 之三 |

尼古拉斯・馬勒伯朗士
Nicolas Malebranche

生：1638，巴黎
卒：1715，巴黎

法國神學家、哲學家與司鐸（天主教奧拉托利會）。著有《真理的探索》（*The Search after Truth*，1674-75）、《論自然和恩賜》（*Treatise on Nature and Grace*，1680）、《形上學與宗教對話錄》（*Dialogues on Metaphysics and Religion*，1688），以及與阿爾諾、萊布尼茲與許多人的哲學通信。

亨利・莫爾
Henry More

生：1614，林肯郡，格蘭瑟姆
卒：1687，劍橋

英國哲學家與神學家。主要作品包括（*Psychodia Platonica: or, a Platonicall Song of the Soul*，1642）、《無神論之針砭》（*An Antidote against Atheisme*，1653）、《靈魂之不朽》（*The Immortality of the Soul*，1659）。

艾薩克・牛頓爵士
Sir Isaac Newton

生：1643，林肯郡，伍爾斯索普
卒：1727，倫敦

英國自然哲學家與數學家。著有許多重要的哲學著作，如《光與色彩新論》（*New Theory of Light and Colors*，1672）、《自然哲學的數學原理》（*Mathematical Principles of Natural Philosophy*，1687）、《光學》（*Opticks*，1704）。

布萊茲・帕斯卡
Blaise Pascal

生：1623，克萊蒙費朗
卒：1662，巴黎

法國數學家、自然哲學家、宗教作家。作品包括《真空論》（*Treatise on the Vacuum*，1651）、《致外省人書》（*Provincial Letters*，1656-57）、《思想錄》（*Pensées*，1658年開始撰寫，直到1670才出版）。

巴魯赫・史賓諾莎
Bento（Benedictus）Spinoza

生：1632，阿姆斯特丹
卒：1677，海牙

荷蘭哲學家，葡萄牙裔猶太人。主要著作為《知性改進論》（*Treatise on The Emendation of The Intellect*，終身未出版）、《神、人與人的福祉》（*Short Treaties on God, Man and His Well-being*，終身未出版）、《笛卡爾哲學原理和形上學思想（*Descartes' s Principles of Philosophy and Metaphysical Thoughts*，1663）、《倫理學》（*Ethics*，1662-1676之間寫作，1677年身後出版）、《神學政治論》（*Theological-Political Treatise*，1670）、《政治論》（*Political Treatise*，未完成）。

伏爾泰
（弗朗索瓦－瑪利・阿魯埃）
Voltaire（François-Marie Avouet）

生：1694，巴黎
卒：1778，巴黎

法國作家。著作包括《關於英國的哲學書信》（*Philosophical Letters Concerning The English Nation*，1754）、《憨第德》（*Candide*，1759），以及許多歷史文章、宗教、戲劇、信函。

致 謝

像這樣一本書，無庸置疑，仰賴許多朋友與同事慷慨支持，無論是他們的鼓勵或是誠實直接的指教。我們謝謝Callan Berry、Daniel Garber、Andrew Janiak、Debra Nails、Don Rutherford、Larry Shapiro、Elliott Sober、Norma Sober，反覆閱讀、編修，告訴我們什麼地方有趣，什麼地方不清楚，以及那些一路走來幫助我們的人。

當然還有家人和親人給予的耐心、幽默、建議與洞見，我們才能突破這本圖文書的限制；Jane Bernstein（Steven的妻子，Ben的媽媽——封面設計是她的點子）、Rose Nadler（Steven和Jane的女兒，Ben的妹妹），以及Nette Oot。

史蒂芬受邀於二〇一四年擔任羅馬美國學院（American Academy in Rome）駐院學者，因此也想對學院以及學院的主管Chris Celenza與Kim Bowles表達謝意。本書某些文字就是在那愉快的時間中寫下的。

最後，特別謝謝普林斯頓大學出版社（Princeton University Press）的Rob Tempio。沒有他的熱忱與支持，我們不可能完成。出版社的工作人員Mark Bellis、Dimitri Karetnikov、Jessica Massabrook，他們的付出也是這本書不可或缺的。

文化思潮 192

斜門歪道：近代哲學的驚世起源

作　　　者—史蒂芬‧納德勒（Steven Nadler）& 班‧納德勒（Ben Nadler）
譯　　　者—胡訢諄
主　　　編—湯宗勳
特約編輯—果明珠
美術設計—陳恩安
董 事 長
總 經 理 —趙政岷
出 版 者 —時報文化出版企業股份有限公司
　　　　　10803台北市和平西路三段240號七樓
　　　　　發行專線／（02）2306-6842
　　　　　讀者服務專線／0800-231-705、（02）2304-7103
　　　　　讀者服務傳真／（02）2304-6858
　　　　　郵撥／1934-4724時報文化出版公司
　　　　　信箱／台北郵政79～99信箱
時報悅讀網—http://www.readingtimes.com.tw
電子郵箱—history@readingtimes.com.tw
法律顧問—理律法律事務所 陳長文律師、李念祖律師
印　　　刷—和楹印刷股份有限公司
一版一刷—二〇一七年十月二十日
定價—新台幣三三〇元
⊙行政院新聞局局版北市業字第八〇號
版權所有 翻印必究
（缺頁或破損的書，請寄回更換）

時報文化出版公司成立於1975年，並於1999年股票上櫃公開發行，
於2008年脫離中時集團非屬旺中，
以「尊重智慧與創意的文化事業」為信念。

國家圖書館出版品預行編目資料

斜門歪道:近代哲學的驚世起源/
　史蒂芬‧納德勒（Steven Nadler）作、班‧納德勒（Ben Nadler）畫；
　胡訢諄 譯. --一版. --臺北市: 時報文化, 2017.10　面；公分. -- (文化思潮；192)

譯自: Heretics! The Wondrous (And Dangerous) Beginnings of Modern Philosophy

ISBN 978-957-13-7130-6(平裝)

1.西洋哲學史　2.近代哲學

143.23　　　　　　　　　　　　　　　　106015447

ISBN 978-957-13-7130-6
Printed in Taiwan